Directora de la colección:
Mª José Gómez-Navarro

Equipo editorial:
Violante Krahe
Juan Nieto
Lupe Rodríguez

Dirección de arte:
Departamento de imagen y diseño GELV

Diseño de la colección:
Manuel Estrada

El 0,7% de la venta de este libro se destina a la construcción de la escuela que la ONG Solidaridad, Educación, Desarrollo (SED) gestiona en San Julián (El Salvador).

1ª edición, 2ª impresión, junio 2006

Título original: *Tu es si gentil, mon ours*

Carretera de Madrid, km. 315,700
50012 Zaragoza
Teléfono: 913 344 883
www.edelvives.es

ISBN: 84-263-5625-7
Depósito legal: Z. 1773-06

Talleres Gráficos Edelvives (50012 Zaragoza)
Certificados ISO 9001
Printed in Spain

FICHA PARA BIBLIOTECAS

NORAC, Carl (1960-)
Un móvil en el Polo Norte / Carl Norac ; ilustraciones, Anne Isabelle Le Touzé ; traducción, P. Rozarena. – 1ª ed., 2ª reimp. – Zaragoza : Edelvives, 2006
43 p. ; il. col. ; 20 cm. – (Ala Delta. Serie roja ; 42)
ISBN 84-263-5625-7
1. Polo Norte. 2. Animales humanizados. 3. Teléfono. 4. Amistad. I. Le Touzé, Anne Isabelle, il. II. Título. III. Serie.
087.5:821.133.1(493)-3"19"

EDELVIVES

ALA DELTA

Un móvil en el Polo Norte

Carl Norac

Ilustraciones
Anne Isabelle Le Touzé

Traducción
P. Rozarena

Mateo, el oso blanco,
se despierta.

Durante la noche,
el pedazo de hielo
sobre el que dormía,
se ha separado del iceberg,
ese enorme bloque de hielo
que flota en el mar.

Mateo viaja en una isla.

«¡Bueno! A algún sitio
llegaré», se dice.

Mateo no está preocupado,
pues le basta con inclinarse
para atrapar algún pez para comer.

—¡Qué bien! Soñaba con poder estar un poco tranquilo... —murmura muy contento.

De pronto, Mateo ve acercarse
hacia él una botella muy grande.

«Quizá lleve dentro
un mensaje para mí», piensa.

Mateo la recoge, saca el grueso
tapón de corcho y la sacude.

Un objeto desconocido salta fuera.

—¡Qué cosa tan rara!
¿Para qué servirá?

El objeto suena.
Un botón se ilumina.
El oso se lo acerca a la oreja.
—Oye, ¿hace buen tiempo
por ahí? —pregunta una voz.
—Sí —responde Mateo asombrado.
—No te muevas, que ya vamos.

Poco después, tres morsas se suben a su isla de hielo.

—¡Qué amable has sido al acogernos, amigo oso —dicen, y se tumban.

El teléfono vuelve a sonar.

—Oye, ¿hay muchos peces por ahí? —pregunta otra voz.

—Bueno..., bastantes —contesta Mateo.

—No te muevas, que vamos todos para allá.

Cuatro esquimales se aproximan
en sus kayaks y se suben
a su isla con sus cañas de pescar.

—¡Qué amable has sido
al acogernos, amigo oso! —dicen,
y se ponen a pescar.

Y el teléfono suena otra vez.

—¡Cucú, aquí estamos!
—dicen enseguida muchas voces.

Y poco después un grupo
de focas trepa a la isla.
—Nos sentíamos un poco solas.
¡Qué amable has sido al acogernos
a todas, amigo oso!

Y el teléfono vuelve a sonar otra vez.
—¡Hacedme sitio, que ya voy!
—grita una voz.

Un poco después, llega una ballena, da un salto y se lanza sobre la isla.

—¡Lo siento! —dice—. Creo que nado demasiado deprisa. ¡Qué amable eres al acogerme, amigo oso!

Mateo no puede ya ni moverse.
El hielo, con tanto calor,
empieza a derretirse.
Y, además, hay tanta gente
que ¡el ruido es insoportable!

Entonces, Mateo, el oso tímido,
se enfada, se pone furioso.

—¡Estoy harto de ser amable!
¡Se acabó! —grita.

Todo el mundo se calla.
Y se hace un silencio polar.

—Está bien. Has dicho lo que piensas —dicen los esquimales y los animales.

—En cualquier caso, has sido muy amable al acogernos.

BIP BIP

Mateo no sabe qué hacer. Casi tiene ganas de llorar.

Y, de repente, suena un teléfono. Después otro, luego diez más. Suenan un montón de teléfonos, pero ninguno es el suyo.

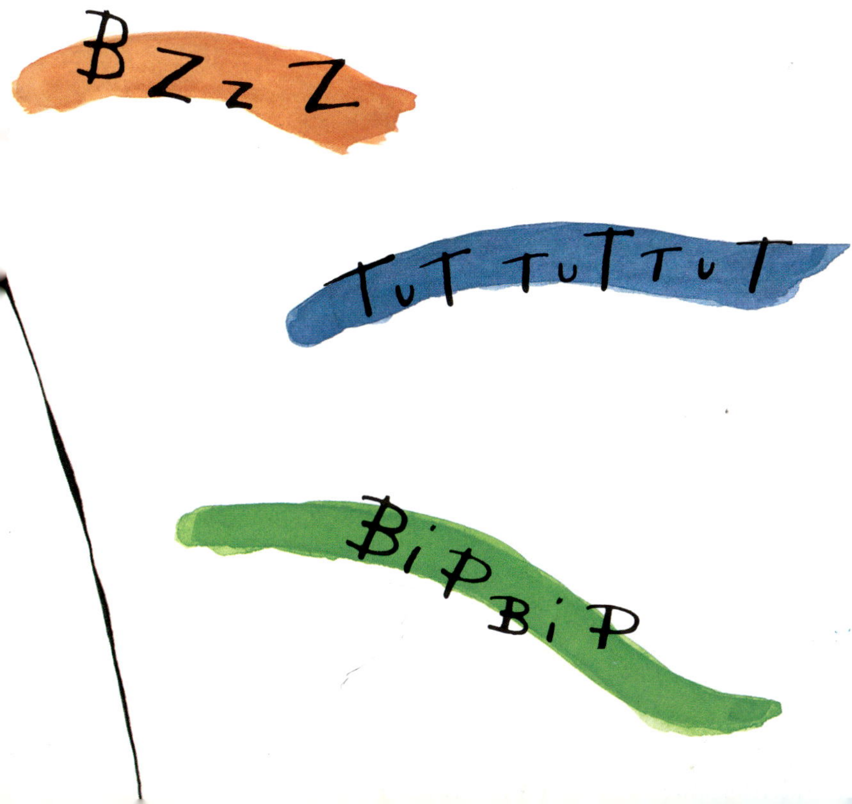

—¿Cómo? ¿Que va a nevar?
¡Nos largamos! —dice una morsa,
y las tres se tiran al agua helada.
—¿Un banco de peces por allí?
¡Esperadnos! —gritan los esquimales.
—¡Sí, mamá, ya voy! —suspira
la ballena, y se va.
—Bueno, pues si todos se van,
nosotras nos vamos también
—dicen entonces las focas,
y se marchan una detrás de otra.

Mateo se queda solo, con el extraño objeto que ha quedado abandonado sobre el hielo.

El oso lo mete dentro
de la botella y aprieta
con cuidado el tapón.

Luego, tira la botella
al agua, lo más lejos que puede.

«Se ha derretido un poco de hielo de mi isla; ahora es más pequeña, pero todavía es bastante grande para mí», se dice Mateo, y se queda dormido.

«¡Bip! ¡bip! ¡bip! ¡bip! ¡bip!...»,
suena el teléfono móvil allá lejos
dentro de la botella.

Títulos publicados

Serie Roja

21. *El suplicio de los besos.* **Didier Dufresne**
22. *El regreso del monstruo peludo.* **Henriette Bichonnier**
23. *Rufo y Trufo cambian de casa.* **Carmen García Iglesias**
24. *Dominico, el dragón.* **Antón Cortizas**
25. *Me llamo Pablito.* **Carlos Murciano**
26. *Paco y Álvaro.* **René Escudié**
27. *La bruja Piruja.* **Henriette Bichonnier**
28. *Diseñadora de hora en hora.* **Xoán Babarro**
29. *Hormiguita negra.* **Ana Mª Romero Yebra**
30. *Tomás y la goma mágica.* **Ricardo Alcántara**
31. *Las anginas de mamá.* **Maya Nahum-Valensi**
32. *Paco y Álvaro se pelean.* **René Escudié**
33. *¿De dónde sale esta niña?* **Thierry Lenain**
34. *Sólo a mí me pasa.* **Gabriela Keselman**
35. *La patulea de la reina.* **Agnès Bertron**
36. *Sola y* Sincola. **Patxi Zubizarreta**
37. *Amanda Chocolate.* **Bernard Friot**
38. *Luna quiere un bebé.* **Thierry Lenain**
39. *¿Quién es Nuria?* **Florence Cadier**
40. *Gabriel y la isa azul.* **Amélie Cantin**
41. *Tomás y las tijeras mágicas.* **Ricardo Alcántara**
42. *Un móvil en el Polo Norte.* **Carl Norac**

Gabriel y la isla azul

Amélie Cantin

Ilustraciones
Laurent Richard

ALA DELTA, SERIE ROJA N.º 40. 48 págs.

Gabriel se queda dormido
mientras juega con su barco:
ahora es Gabriel el Marino,
y no le tiene miedo
a las olas ni a las tormentas.
Con su catalejo observa
el horizonte y, de repente,
descubre a lo lejos una isla
redonda y azul algo extraña
porque parece que se mueve.
Gabriel decide averiguar qué pasa.